I0172283

Анастасия Вольная

Инверсия

Издательские решения

2016 год

Вольная Анастасия

Инверсия / Анастасия Вольная. — [б.м.] : Издательские решения, 2016. — 24 с. —

ISBN 978-5-4483-2144-3

Художественный проект –
поэтические иллюстрации Анастасии Вольной к картинам Терентія Травніка под общим названием — Иная версия (Инверсия). В сборник вошли произведения, рождённые в 2004 году.

УДК 82-3
ББК 84-4

© Анастасия Вольная, 1987
© Терентій Травникъ, 2004

От автора

"Эти стихотворения и эссе являются отображением творчества Терентія Травніка в моей душе и посвящаются Терентію Травніку, уважаемому мною художнику и дорогому брату".

Анастасия Вольная, 2004 год

Анастасия Вольная и Терентій Травникъ

Инверсия

Взглянуть в лик своей души – прерогатива немногих.

Запечатлеть взгляд своей души – удел избранных.

Автопортрет

Тихое место

Тихое место.
Колокол осени тих.
Мальчик крылатый
Спит, улыбаясь, в листве –
В синеве –
Глубине –
Вышине,
Сошедшей внезапно на землю.
Тихое место.

Улитки и звезда

Кто-то, на далекой-далекой планете, создал картину, где была изображена звезда, заключенная, будто жемчужина, в витиеватую раковину. Звезда осторожно выпускала лучи – усики из-под своего панциря и заворожено смотрела на свободно сияющих в выси, небесных улиток.

Осенние пожары

Осенние пожары. Повсюду желтые, красные зарницы облетающих листьев. Сгорает прошлое огнём злата и крови. Очищается путь. Старец – странник – молчальник идёт безмятежно и чинно. Шаг – миг. Шаг – день. Шаг – год. Шаг – век…

Утраченные берега
или
мираж во льдах

Непро́чны церкви изо льдов.
Напрасна религия в лютых сердцах.
Малодушие,
Маловерие,
Малолюбие –
Камня́ми этих дьявольских слов
Был вымощен путь в низших адских кругах.
Непро́чны церкви изо льдов.
Напрасна религия в лютых сердцах.

Благовест

Благовест.
Позднего часа природы,
Позднего времени дня
Изображение.
Взлёт. Всепрощенье.
Горнего омута броды.
Дольнего омута топь.
Вселенная и Земля.
Всевышний Господь и Я
Благовест.

К началу церковного года

Золотистый месяц окрасил светом красоты ночи. Как же прекрасна тьма, вместившая свет! Стеклянный ангел, стоящий на подоконнике, был окружен ореолом отраженного в нем света, будто живой, будто одушевленный, трубил он в свой маленький горн гимн свету. Сердце тьмы – свет. Кто поверил в тьму? В этот фантом, миф? Тьмы не существует. Тьмы нет. Так же, как нет смерти. Тьма – холст под красками света. Смерть – ступень к новой жизни. Стеклянный ангел когда-нибудь разобьется, но свет однажды наполнивший его, вечен. И гимн, что сыгран на маленьком горне, будет звучать всегда.

Старый Новый год

Фантасмагория.
Ночь, как гармония
Снега и огня.
Солнце и луна
Слились воедино.
Эклектика дивно
Смешанных символов.
Лов
Мнимых стрекоз – новолетий,
       гномьим сачком-колпачком.

Дочь сентября

Дочь сентября. Солнце. Смерть. Солнце.

Дочь сентября. Октября невеста. Весть вездесущей вечности. Дева благая. Аглая.

Город серебряных крыш

Город серебряных крыш.
В незвуках, в неяви, в некрасках.
Новое бытие.
Как в добрых безвременных сказках,
В будущности, в весне
Льется симфонией тишь…
Услышь…

Оглавление

Анастасия Вольная

Инверсия

Иллюстратор Т.Травнікъ
Дизайнер обложки Н.Воронова

Создано в издательской системе Ridero

www.ingramcontent.com/pod-product-compliance
Lightning Source LLC
Chambersburg PA
CBHW041811040426

42449CB00004B/155